Sanas y polifacéticas

La patata por su contenido en proteínas, vitaminas y oligoelementos es un alimento tan sano como polifacético, además resulta de fácil digestión. Como simple guarnición su presencia en la mesa puede significar el broche de oro de cualquier plato. Las variadísimas formas de preparación que ofrece al paladar le permite satisfacer todos los gustos.

Fotos en color de Odette Teubner y Kerstin Mosny.

ÍNDICE

La patata, un alimento completo

Cuando los marinos españoles de mediados del siglo XVI trajeron a Europa la patata, procedente de Suramérica, la planta empezó a cultivarse por la vistosidad de sus flores y durante mucho tiempo no pasó de ser una planta de adorno. Sólo el hombre en los años 1770 al 1771 y de 1816 a 1817 convirtieron el tubérculo de piel tostada en alimento popular. Hoy resulta imposible imaginar qué sería la cocina sin su presencia. La apreciamos no sólo por la variedad con que puede ser preparada y por su sabor, sino también como alimento sano por excelencia.
La patata contiene entre un 15 y un 21 % de fécula que en crudo no es digerible, pero que cocida es asimilada por el organismo en un 90 %.
Desde el punto de vista biológico, la patata proporciona valiosas proteínas. Acompañadas de leche o productos lácteos (por ejemplo requesón o queso) o con huevo, las diversas proteínas se complementan óptimamente, proporcionando combinaciones equiparables a cualquier otro plato a base de proteínas animales. Es notable su alto contenido en vitaminas y sustancias minerales: 100 g de patatas recién recolectadas proporcionan unos 22 g de vitamina C, además de su aporte de carotina, vitaminas E, B1, B2, niacina y vitamina B6.
Especialmente beneficiosa para la salud es la composición de las sustancias minerales. Unos 100 g de patata contienen 443 mg de potasio y sólo 3 mg de sodio, lo cual repercute de manera favorable en las funciones del corazón y del riñón y en la regulación del metabolismo del agua. También contiene calcio, fósforo, magnesio, hierro y flúor.
Un vistazo a cualquier tabla de valores energéticos echa por tierra el prejuicio de que las patatas engordan pues 100 g contienen solamente 71 calorías (295 julios). Lo que engorda es la adicción de ingredientes excesivos y grasas.

Ante la gran variedad de patatas, lo más práctico es informarse de sus propiedades de cocción y de su harinosidad para de ese modo poder elegir las más apropiadas para el modo que pensamos prepararlas.

La compra y la conservación

A ser posible, compre preferentemente patatas de cultivo ecológicamente controlado que, por lo general, contienen menos nitrato y más sustancias activas de gran valor nutritivo.

No son tan acuosas, se conservan durante más tiempo, saben mejor y son más sanas que las cultivadas con abonos minerales y tratadas con pesticidas. Según el uso que vaya a hacerse de las patatas, conviene tener en cuenta estas tres clases en función de la contextura de su carne:

1. Patatas poco harinosas: Al cocerlas quedan enteras, por lo que resultan especialmente indicadas para cocer con piel y para ensaladas (sobre todo las ovaladas y alargadas, de carne blanca).
2. Patatas semiharinosas: Al cocerlas conservan buena parte de su contextura. Especialmente indicadas para hacer al horno, estofar, freír y gratinar.
3. Patatas harinosas: Se deshacen al cocer. Ideales para purés, ñoquis, sopas, potajes, pastas de repostería.

Las patatas semitempranas y las tardías contienen más almidón que las tempranas (primavera) y además éste, aumenta con el almacenamiento prolongado. Este tipo de patatas es el más indicado para ñoquis, puré y repostería. Si no se dispone de un lugar especialmente acondicionado para almacenarlas es preferible comprarlas en pequeñas cantidades y conservarlas en un lugar sombrío y fresco, en una cesta o en un cajón de madera (nunca en bolsas de plástico).

La temperatura de almacenamiento prolongado no debe sobrepasar los 2 sobre cero para evitar que el almidón se transforme en azúcar y haya que desecharlas para el consumo. Las patatas contienen por naturaleza ínfimas cantidades de una sustancia tóxica denominada solanina. En los tubérculos que no están maduros, en los puntos coloreados por haberles dado la luz y en los «ojos» es donde suele concentrarse esta toxina. Por consiguiente, antes de cocerlas, quite todas las partes verdes y extraiga a fondo los ojos con la punta del cuchillo. La solanina es resistente a la cocción, por lo que al cocer las patatas, una buena parte de la misma pasa al agua. De ahí que no debe utilizarse ésta posteriormente para ningún otro uso.

Las finas hierbas bien aplicadas son un sabroso requisito imprescindible para enriquecer cualquier plato. Usadas con moderación pueden acentuar el sabor natural de los alimentos. En cambio, si se añaden con exceso, adulteraremos su sabor. Otra de sus virtudes es que pueden ayudar a reducir el consumo de sal.

Consejos para la preparación correcta

1. Las vitaminas minerales y otras sustancias activas de gran valor nutritivo se encuentran justamente debajo de la piel. Como mejor se conservan es cociéndolas al vapor en poca agua y sin pelar en una olla con accesorio perforado.
2. Durante el proceseo de cocción es cuando las patatas pierden más vitamina C. Por lo tanto, si no las cuece al vapor procure cocerlas con poca agua y a fuego fuerte, para pasar luego a fuego lento.
3. Como mejor saben las patatas es servidas humeantes nada más cocerlas. Las finas hierbas frescas pueden convertir en un verdadero manjar el plato más sencillo y además permiten ahorrar sal. Especialmente indicadas para las patatas son: albahaca, ajedrea, eneldo, perifollo, mejorana, perejil, romero, salvia, cebollino, tomillo y ajo. Entre las especias destacan: comino, nuez moscada, pimentón nueces y almendras tostadas pipas de girasol y sésamo.

Sopa de patata con albóndigas de tofu

Ingredientes para 4-5 personas:
3 cucharadas de pepitas de calabaza (40 g)
150 g de tofu.
1 ½ cucharaditas de caldo de verdura
1 huevo
2 chalotas picadas (20 g)
3 cucharadas de miga de pan integral
1 cucharadita de mejorana
1 ½ cucharadas de perejil y 1 hoja de levística picadas muy finas
150 g de coles de Bruselas
150 g de bulbo de apio
300 g de patatas
1 ¾ l de agua
3 cubitos de caldo de verdura
100 g de zanahorias
20 g de mantequilla
Nuez moscada recién rallada

Para invitados
Elaborada

Para 4 personas, por persona:
1100 kj/260 kcal
14 g de proteínas · 13 g de grasa · 23 g de hidratos de carbono · 7 g de fibra.

- Tiempo de preparación: 45 minutos

1. Picar las pepitas de calabaza, añadir el tofu y el caldo, y moler en la mezcladora hasta formar una crema homogénea. Añadir a esta masa el huevo, las chalotas, la miga de pan y las hierbas, y mezclar todo bien removiendo. Dejar reposar hasta que esté preparada la verdura.
2. Limpiar y lavar las coles de Bruselas y el apio. Cortar el apio en tiras. Pelar las patatas, lavarlas y cortarlas en dados.
3. Hervir el agua con los cubitos de caldo añadir el apio y las patatas. Con dos cucharillas humedecidas formar las albóndigas de la masa de tofu y añadirlas también al caldo. Finalmente incorporar las coles y dejar cocer 8-10 minutos.
4. Lavar las zanahorias y rallarlas muy finas. Retirar la cazuela del fuego, agregar las zanahorias y la mantequilla, y sazonar con un poco de nuez moscada.

Crema de patata con rábano

Ingredientes para 2 personas:
250 g de patatas harinosas
125 g de cebolla.
1 cucharada de aceite de germen de maíz
400 cc de agua
1 ¼ l de caldo de verdura de cubitos
5 cucharadas de leche
3 cucharadas de rábano
50 g de nata
2 cucharadas de remolachas

Fácil
Rápida

Por persona: 1100 kj/260 kcal
6 g de proteínas · 14 g de grasa · 29 g de hidratos de carbono · 6 g de fibra

- Tiempo de preparación: 40 minutos.

1. Lavar las patatas y pelarlas muy finas. Trocear la cebolla en forma gruesa.
2. Calentar el aceite y 1 cucharada de agua y glasear la cebolla. Agregar el agua restante y el caldo, y dejar hervir.
3. Rallar las patatas en el caldo cocer la sopa 15 minutos y luego hacer un puré con la batidora.
4. Agregar la leche y el rábano sin que vuelva a cocer la sopa. Montar la nata y añadirla.
5. Servir la sopa en platos soperos precalentados y poner de adorno 1 cucharada de remolacha.

Sugerencia

El rábano rallado puede congelarse fácilmente. Conserva su sabor picante durante 6 meses.

En primer término: Sopa de patata con albóndigas de tofu
En segundo término: Crema de patata con rábano.

Sopa verde con setas

Ingredientes para 2 personas:
- *1 patata harinosa (100 g)*
- *50 g de puerro (solamente lo blanco y la parte verde clara)*
- *70 g de espinacas, sin rabo*
- *300 cc de agua*
- *¾ de caldo de verdura de cubito*
- *2 hojas de levística*
- *125 g de setas (pleuroto)*
- *1 cucharada de mantequilla*
- *50 g de leche*
- *50 g de nata*
- *Unas gotas de zumo de limón*
- *Pimienta blanca recién molida*
- *Nuez moscada recién rallada*
- *½ cucharada de perejil recién picado*

Fácil
Rápida

Por persona: 870 kj/210 kcal
6 g de proteínas · 14 g de grasa · 11 g de hidratos de carbono · 4 g de fibra

- Tiempo de preparación: 35 minutos

Sugerencia

Cerciórese de que las setas son frescas: El sombrerillo tiene que estar siempre curvado hacia abajo. En otro caso significa que las setas llevan mucho tiempo almacenadas.

1. Lavar y cepillar las patatas bajo el chorro de agua y pelarlas. Limpiar y lavar el puerro. Lavar las espinacas y escurrirlas. Hervir el agua con los cubitos. Trocear las patatas y el puerro y agregar al caldo. Cocer tapado 8-10 minutos a fuego medio.

2. Mientras picar las espinacas y la levística, añadirlo a la sopa y cocer 2 minutos. Hacer con todo un puré fino. Apagar la cocina.

3. Separar las setas del tronco, limpiarlas con un papel de cocina y no lavarlas. Cortarlas en tiras y rehogarlas en la mantequilla a fuego medio. Remover de vez en cuando y esperar hasta que se evapore el líquido.

4. Agregar a la sopa la leche y la nata, y remover. Incorporar las setas y sazonar con zumo de limón, pimienta y nuez moscada. Servir en platos soperos y adornar con perejil picado.

Sopa de tomate con nata

Ingredientes para 4 personas:
1 kg de tomates maduros
300 g de patatas harinosas
100 g de cebollas
2 cucharadas de aceite de oliva
200 cc de agua
2 cucharadas de caldo de verdura
2 hojas de laurel
1 cucharada de tomillo
10 g de mantequilla
2 cucharadas de albahaca
2 dientes de ajo
Pimienta negra recién molida
Sal marina
6 cucharadas de nata
Unas hojitas de albahaca

Para invitados
Fácil

Por persona: 880 kj/210 kcal
5 g de proteínas · 11 g de grasa · 22 g de hidratos de carbono · 7 g de fibra

- Tiempo de preparación: 1 hora

Sugerencia

Esta sopa puede variarse si en lugar de tomillo y albahaca utiliza orégano y salvia. Y si le gusta más picante añada durante la cocción ½ chile rojo (sin semillas y picado).

1. Lavar los tomates y cortarlos en dados grandes. Retirar siempre la parte verde del rabo, ya que contiene solanina y es venenosa. Lavar las patatas y cepillarlas bajo el chorro de agua y pelar y picar la cebolla.

2. Calentar en una cazuela el aceite con 1 cucharada de agua y rehogar la cebolla. Agregar el agua, el caldo, el laurel y los tomates y cocer a fuego fuerte. Pelar las patatas y rallarlas directamente en la sopa. Cocer 12 minutos más.

3. Sacar el laurel, hacer un puré con las verduras y ponerlo en una cazuela aparte. Cocerlo con el tomillo y retirar del fuego. Añadir la mantequilla, la albahaca y el ajo prensado y remover todo bien. Salpimentar.

4. Montar la nata. Servir la sopa en platos precalentados y adornar con un copete de nata y unas hojitas de albahaca.

Sopa de chucrut

Ingredientes para 4 personas:
150 g de cebollas
40 g de mantequilla
1 ½ cucharadas de pimentón dulce
½ cucharadita de pimentón picante
1 ¼ l de agua
3 cubitos de caldo de verdura
400 g de chucrut
1 cucharadita de comino
300 g de patatas harinosas
1 pimiento
120 g de crema fresca

Fácil

Por persona:
1200 kj/290 Kcal
6 g de proteínas · 22 g de grasa · 18 g de hidratos de carbono · 6 g de fibra

- Tiempo de preparación: 45 minutos

1. Pelar y picar la cebolla. Calentar la mantequilla y glasear la cebolla hasta que se doree ligeramente.
2. Añadir el pimentón, el agua y los cubitos de caldo desmenuzados, y dejar que dé un hervor.
3. Picar un poco el chucrut y añadirlo al caldo con el comino. Cocer tapado 10 minutos a fuego medio.
4. Lavar las patatas pelarlas y rallarlas directamente en la sopa. Cocer 10-15 minutos a fuego medio.
5. Cortar el pimiento en tiras previamente quitadas las semillas. Añadir la crema fresca a la sopa y remover.
6. Servir la sopa en 4 platos soperos y adornarlos con tiras de pimiento y un copete de nata. Se acompaña con panecillos integrales o picatostes fritos en mantequilla.

Crema de patata con espárragos trigueros

Ingredientes para 4 personas:
500 g de espárragos trigueros
600 cc de agua
300 g de patatas harinosas
1½ cubitos de caldo de verdura
6 cucharadas de nata
8 cucharadas de leche
30 g de mantequilla
2 cucharadas de perifollo o perejil recién picado
Unas gotas de zumo de limón
4 cucharadas de almendras fileteadas tostadas

Para invitados

Por persona:
960 kj/230 kcal
7 g de proteínas · 16 g de grasa · 16 g de hidratos de carbono · 5 g de fibra

- Tiempo de preparación: 1 hora y 10 minutos

1. Lavar los espárragos y cortar un tercio de la parte dura inferior si es necesario. Poner los desperdicios en una cazuela, añadir el agua y llevar a ebullición.
2. Lavar y pelar las patatas y cortarlas en dados grandes. Añadirlas a la cazuela y cocerlas 20 minutos hasta que estén tiernas. Pasar el caldo por el chino a una cazuela aparte. Sacar las patatas y reservarlas.
3. Trocear los espárragos y reservar las yemas. Hervir el caldo con los cubitos y cocer los trozos de espárrago 6 minutos sin que queden demasiado blandos. Pasados 4 minutos añadir las yemas reservadas.
4. Colar el caldo. Hacer un puré con las patatas reservadas y añadirlas a los espárragos junto con el caldo.
Agregar la nata, la leche y la mantequilla y remover para que se mezcle. Si la sopa está demasiado espesa añadir un poco de agua.
5. Calentar la sopa removiendo suavemente hasta que alcance la temperatura deseada. Añadir el perifollo y sazonarla con un poco de zumo de limón. Adornarla con almendras fileteadas y servir en seguida.

Foto superior: Sopa de chucrut

Foto inferior: Crema de patata con espárragos trigueros

HUNGARIAN
EXQUISITE 100% SWEET DELICACY
PAPRIKA
PRODUCT OF HUNGARY
NET WT. 16 OZ. (1 LB.)

Patatas gratinadas con queso

Ingredientes para 4 personas (como entremés)
500 g de patatas grandes poco harinosas
200 g de queso especial para fundir (48 % de grasa en extracto seco) cortado en lonchas de 2 mm de grosor
Pimentón dulce
Pimienta blanca recién molida
Mantequilla para la placa

Para invitados

Por persona: 1300 kj/310 kcal 17 g de proteías · 16 g de grasa · 19 g de hidratos de carbono · 3 g de fibra

- Tiempo de preparación: 30 minutos

1. Engrasar la placa de horno y calentarlo a 200 °C. Limpiar bien las patatas y cortarlas en rodajas de 1 cm de grosor. Colocarlas sobre la placa. Hornearlas 20 minutos en el centro.
2. Cortar el queso a medida de las patatas y cubrir con él las rodajas. Meter al horno 5 minutos (arriba) hasta que el queso se funda.
3. Espolvorear con pimentón y también con pimienta y servir enseguida. Se acompaña de una ensalada de lechuga, tomates y pimientos.

Patatas con pesto y verduras

Ingredientes para 4 personas:
110 g de almendras
50 g de queso parmesano
40 g de queso de oveja
1 huevo grande
2 cucharadas de aceite de oliva
3 dientes de ajo
1 ramillete de albahaca picado
Sal marina
Pimienta negra recién molida
400 g de patatas poco harinosas
100 g de cebolla
250 g de calabacines tiernos
250 g de tomate
½ cucharaditas de curry
1 pizca de pimienta de Cayena
1 cucharada de perejil

Para invitados

Por persona: 1700 kj/400 kcal 17 g de proteínas · 27 g de grasa · 25 g de hidratos de carbono · 8 g de fibra

- Tiempo de preparación: 1 ¾ horas

1. Escaldar las almendras con agua hirviendo, dejarlas reposar dentro 20 minutos y luego picarlas. Reservar 50 g para la verdura. Cortar 8 almendras en filetitos finos. Picar las restantes con el queso parmesano y el queso de oveja.
2. Calentar el horno a 200 °C. Añadir al queso el huevo, 1 cucharada de aceite, 2 dientes de ajo prensado y la albahaca, mezclar todo bien y salpimentar.
3. Limpiar bien las patatas con un cepillito y cortarlas en rodajas de 1 cm de grosor. Colocarlas en un molde engrasado de pizza (24 cm de Ø) y hornearlas (centro) 15 minutos aproximadamente.
4. Repartir la mezcla de queso sobre las patatas y esparcir por encima las almendras fileteadas. Cocer al horno (arriba) 15 minutos hasta que se dore el copete de pesto (se denomina así a la mezcla de queso con hierbas).
5. Rehogar la cebolla y 1 ajo picado en 1 cucharada de aceite. Cortar los calabacines en rodajas de 1 cm de grosor y rehogarlos 5 minutos con la cebolla. Añadir los tomates cortados en gajos, el curry y la pimienta de Cayena, y estofar todo unos 5 minutos. Picar el resto de almendras y añadirlas, con el perejil, a las verduras.
Servir con las patatas.

En primer término: Patatas con pesto y verduras

En segundo término: Patatas gratinadas con queso

Flores de patata con crema de aguacate

A ser posible, utilice para este decorativo plato, patatas redondas del mismo tamaño. Aparte se necesita un cortador de rábanos. Las cantidades indicadas son para 4 personas como entremés, y para una comida ligera para 2 personas.

Ingredientes para 4 personas:
Mantequilla para la fuente de horno
4 patatas harinosas
Sal de hierbas
1-2 cucharadas de aceite de nuez sin refinar o mantequilla
1 aguacate de 250 g
3 cucharadas de zumo de limón
5 cucharadas de nata agria
2 cucharaditas de mostaza semi-dulce
¼ de cucharilla de sal marina
2-3 cucharaditas de rábano picante rallado
100 g de zanahorias delgadas
8 mitades de nuez

Para invitados

Por persona: 1330 kj/310 kcal
5 g de proteínas · 21 g de grasa · 23 g de hidratos de carbono · 6 g de fibra

- Tiempo de preparación: 1 hora

1. Calentar el horno a 200 °C. Engrasar una fuente refractaria. Lavar las patatas bajo el chorro de agua y sin pelarlas, cortarlas en forma de espiral con el cortador de rábanos. Dejarlas cerradas hasta que estén cortadas todas, así se evita que se oscurezcan.

2. Separar las patatas y extenderlas en forma de flor uniendo los dos extremos entre sí. Colocarlas en la fuente engrasada y rociarlas con aceite o mantequilla líquida. Tapar la fuente con una tapadera o papel de aluminio. Meter al horno (centro) 25-30 minutos hasta que estén tiernas.

3. Pelar el aguacate deshuesarlo y trocearlo. Añadir el zumo de limón, la nata agria, la mostaza y la sal, y hacer con todo un puré fino. Sazonar con el rábano picante. Limpiar y pelar las zanahorias y cortarlas en lonchitas finísimas. Cortar las nueces en rodajas alargadas.

4. Servir las flores de patata en platos individuales y decorar con el puré de aguacate y las zanahorias. Espolvorear con las nueces.

Crepes de patata con arroz y setas

Ingredientes para 8 crepes (como entremés para 4 personas):

Para el arroz:

- *100 g de arroz silvestre*
- *Sal marina*
- *170 g de setas (pleurotos)*
- *100 g de cebollas*
- *30 g de mantequilla*
- *2 cucharadas de perejil recién picado*
- *Pimienta negra recién molida*

Para los crepes:

- *50 g de escanda molida*
- *100 cc de leche*
- *60 cc de agua*
- *2 huevos*
- *20 g de queso Emmenthal o similar recién rallado*
- *10 g de mantequilla derretida*
- *2 cucharaditas de zumo de limón*
- *¼ de cucharilla de sal marina*
- *Nuez moscada recién rallada*
- *150 g de patatas harinosas*
- *10 g de grasa de coco*
- *1 cucharada de cebollino picado*

Para invitados

Por persona: 1500 kj/360 kcal
13 g de proteínas · 17 g de grasa · 36 g de hidratos de carbono · 4 g de fibra

- Remojo: 10-12 horas
- Preparación: 1-1 ¼horas

1. Lavar el arroz en un colador y remojarlo en 300 cc de agua fría durante 10-12 horas. Después cocerlo 30 minutos a fuego lento y salarlo ligeramente. (Si no se remoja, el tiempo de cocción es de 45 minutos).

2. Separar las setas del tronco, limpiarlas con papel de cocina y cortarlas en tiras anchas. Picar las cebollas y glasearlas en la mantequilla. Añadir las setas y remover hasta que estén fritas. Mezclarlas con el arroz y el perejil, y salpimentar.

3. Para los crepes mezclar la harina de escanda con la leche y el agua, batirlo y dejar reposar 30 minutos. Añadir a la masa los huevos, el queso, la mantequilla y el zumo de limón y sazonar con sal y nuez moscada.
Rallar las patatas y mezclarlas con el conjunto.

4. Calentar en una sartén un poco de grasa de coco y añadir 2 cucharadas de la masa. Hacer con ello unos crepes y freírlos a fuego medio por ambos lados. Mantenerlos calientes en el horno (a 50 °C). Rellenarlos con el arroz con setas y espolvorearlos con cebollino.

Ensalada de patata con pepino y tortitas de setas

He descrito correlativamente la ensalada y las tortitas para que pueda también prepararlos por separado.

Ingredientes para 4-5 personas:

Para la ensalada:

1 kg de patatas poco harinosas
120 g de cebollas
¼ l de agua hirviendo
2 cubitos de caldo de verdura
1 cucharada de mostaza semi-dulce
5 cucharadas de vinagre de manzana
60 g de hojitas de acedera
1 pepino de 400 g
6 cucharadas de aceite de girasol
Pimienta negra recién molida
Sal marina
150 g de lechuga silvestre

Para las tortitas:

300 g de champiñones
120 g de cebollas
70 g de mantequilla
3 cucharaditas de caldo de boletos
30 g de nueces o avellanas
2 huevos
60 g de trigo molido
2 hojas de levística y cucharadas de perejil
1 cucharadita de hojas de tomillo
Pimienta negra recién molida
Sal marina

Elaborada

Para 4 personas, cada porción: 1400 kj/330 kcal
7 g de proteínas · 13 g de grasa · 43 g de hidratos de carbono · 9 g de fibra

- Tiempo de preparación: 2 horas

1. Cocer las patatas en poca agua durante 20-25 minutos (mientras preparar la masa para las tortitas ver punto 7). Pelar las patatas y cortarlas en rodajas.
2. Pelar las cebollas, cortarlas en dados muy finos y añadirlas a las patatas.
3. Hacer una salsa con el agua caliente los cubitos la mostaza y el vinagre y verterla sobre las patatas. Tapar las patatas y dejar reposar 20 minutos a temperatura ambiente.
4. Mientras lavar las acederas, secarlas y quitarlas los rabillos. Las hojas grandes cortarlas en tiras. Lavar el pepino y pelarlo solamente si no procede de un cultivo ecológico controlado. Luego cortarlo en rodajas de 2 mm de grosor.
5. Añadir el pepino a las patatas rociar con aceite y sazonar con pimienta y un poco de sal.
6. Limpiar la lechuga, lavarla y escurrirla bien. Servir la ensalada de patatas en una fuente redonda plana y adornar con la lechuga silvestre. Servir enseguida.
7. Mientras cuecen las patatas se preparan las tortitas de setas: Limpiar los champiñones o lavarlos ligeramente y cortar la parte oscura de los pedúnculos. Picarlos con un cuchillo grande y reservar 2 champiñones grandes para el adorno.
8. Pelar y picar la cebolla y glasearla en 50 g de mantequilla hasta que se dore ligeramente. Añadir los champiñones y rehogarlos continuamente hasta que se evapore el líquido. Retirar la sartén del fuego y añadir el caldo de los boletos.
9. Picar las nueces, batir los huevos y la harina, y añadir las hierbas, las nueces y los champiñones. Sazonar la masa con pimienta y poca sal, y dejar reposar 20 minutos.
10. Calentar en una sartén grande el resto de mantequilla.
Formar 8 tortitas con la masa y freírlas por ambos lados hasta que se doren.
11. Servirlas en una fuente y adornarlas con los champiñones reservados cortados en laminillas.

Las tortitas de setas y la ensalada de patata con pepino son una excelente comida completa. Pueden servirse también por separado o como guarnición de otros platos.

Ensalada de patata con hinojo

Ingredientes para 2-3 personas:
500 g de patatas pequeñas
5 cucharadas de vinagre de vino blanco
Sal marina
Aceite de girasol y aceite de nuez (2 cucharadas de cada)
Pimienta negra recién molida
75 g de Emmenthal
50 g de chalotas
1 cucharadita de caldo de verdura granulado (o 1 cubito)
1 ½ cucharaditas de mostaza semi-dulce
50 g de nueces peladas
250 g de hinojo
1-2 achicorias

Fácil

Para 2 personas por porción:
2700 kj/640 kcal
25 g de proteínas · 38 g de grasa · 51 g de hidratos de carbono · 13 g de fibra

- Tiempo de preparación: 50 minutos

1. Lavar las patatas y cocerlas 20-25 minutos.
2. Mezclar 3 cucharadas de vinagre con la sal. Añadir ambas clases de aceite y sazonar con pimienta.
3. Cortar el queso en tiras y picar las chalotas. Añadirlo a la marinada y dejar reposar.
4. Pelar las patatas y cortarlas en rodajas. Mezclar 6 cucharadas de agua caliente con el caldo, la mostaza y el resto del vinagre. Verter sobre las patatas y remover bien.
5. Cortar las nueces a la mitad, limpiar el hinojo cortarlo a la mitad y luego en juliana.
6. Mezclar el queso, las patatas, el hinojo y las nueces.
7. Lavar la achicoria y escurrirla bien. Cubrir con ella el fondo de una fuente y poner encima la ensalada de patata.

Ensalada mixta estival

Ingredientes para 4-6 personas:
400 g de patatas pequeñas
600 g de judías verdes tiernas
6 ramitas de ajedrea
2 cucharaditas de caldo de verdura granulado (o 1 cubito)
½ cucharadita rasa de sal marina
2 cucharadas de vinagre de vino tinto
6 cucharadas de vinagre de manzana
1 cucharada de mostaza semi-dulce
4 cucharadas de aceite de girasol
Pimienta negra recién molida
150 g de cebollas rojas
300 g de pimientos amarillos
300 g de calabacines pequeños
500 g de tomates maduros
1 puñado de finas hierbas
200 g de queso fresco de oveja

Para invitados

Para 6 personas por porción:
1000 kj/240 kcal
11 g de proteínas · 11 g de grasa · 43 g de hidratos de carbono · 8 g de fibra

- Tiempo de preparación: 1 ½ horas

1. Cepillar las patatas lavar las judías y cortarlas a la mitad.
2. Hervir ¼ l de agua con la ajedrea y el cubito de caldo. Añadir las judías verdes y las patatas y cocer 15 minutos a fuego medio. Probar el punto de las judías y si están en su punto sacarlas. Seguir cociendo las patatas 5-10 minutos más.
3. Mezclar la sal y el vinagre y añadir la mostaza ambas clases de aceite y 3 cucharadas de agua hirviendo y batir todo bien.
4. Cortar las cebollas en aros, pelar las patatas y cortarlas en rodajas y añadir todo a la salsa junto con las judías verdes.
5. Cortar los pimientos en tiras. Cortar los calabacines en rodajitas y los tomates en gajos. Añadir las hierbas y mezclar todo bien.
Tapar la ensalada y dejar reposar 30 minutos.
6. Cortar el queso en dados y mezclar la mitad con la ensalada.

En primer término: Ensalada mixta estival

En segundo término: Ensalada de patata con hinojo

Ensalada de patata con mayonesa al perifollo

Ingredientes para 4 personas:
800 g de patatas pequeñas
1 yema de huevo
2 cucharaditas de mostaza semidulce
3 ½ cucharadas de vinagre de vino blanco
¼ de cucharadilla de sal marina
2 cucharadas de requesón
2 cucharadas de nata
6 cucharadas de aceite de girasol
2 puñados de perifollo
Pimienta blanca recién molida
1 ½ cucharaditas de caldo de verdura concentrado (o 2 cubitos)
4 cebolletas
250 g de tallo de apio
200 g de zanahorias

Para invitados

Por persona:
1400 kj/330 kcal
9 g de proteínas · 17 g de grasa · 38 g de hidratos de carbono · 10 g de fibra

- Tiempo de preparación: 1 ¼ horas

1. Lavar las patatas y cocerlas en poca agua. Preparar una mayonesa con la yema, la mostaza 2 ½ cucharadas de vinagre, sal, requesón, nata y aceite. Sazonar con pimienta y añadir el perifollo.
2. Pelar las patatas y cortarlas en rodajas. Remover los cubitos con el vinagre restante y ¼ l de agua hirviendo. Añadirlo a las patatas y dejar que reposen 10 minutos.
3. Lavar las verduras y cortar en aros la parte blanca de las cebolletas. Cortar el apio en tiras y reservar unas hojitas. Cortar las zanahorias en tiras estrechas con ayuda de la guillotina.
4. Añadir las verduras a las patatas y mezclarlo con la mayonesa. Dejar reposar 15 minutos y adornar con hojas de apio.

Ensalada de invierno con corona verde

Ingredientes para 4 personas:
500 g de patatas pequeñas
250 g de berza blanca
6 cucharadas de vinagre de vino tinto
2 ½ cucharadas de vinagre de manzana
2 cubitos de caldo de verdura
Sal marina
4 cucharaditas de mostaza semidulce
Pimienta negra recién molida
80 g de cebolla picada
3 cucharadas de aceite de nuez
4 cucharadas de aceite de girasol
200 g de manzanas agrias
2 cucharadas de perejil
200 g de escarola limpia

Puede prepararse con antelación

Por persona: 1000 kj/240 kcal
7 g de proteínas · 9 g de grasa · 33 g de hidratos de carbono · 10 g de fibra

- Tiempo de preparación: 1 ½ horas

1. Lavar las patatas y cocerlas en poca agua.
2. Cortar la col en juliana muy fina y quitar el tronco, Mezclar ¼ l de agua caliente con el vinagre de vino tinto, 2 cucharadas de vinagre de manzana, el caldo, la sal, la mostaza, y pimienta al gusto. Rociar con ello la col y amasarla con fuerza para que se ablande.
3. Pelar las patatas y cortarlas en rodajas. Mezclarlas con la cebolla, el aceite de nuez y 3 cucharadas de aceite de girasol. Añadir todo a la col.
4. Quitar las semillas a los pimientos y trocearlos finos. Cortar las manzanas en lonchitas finas y añadir todo a la ensalada junto con el perejil. Mezclar bien y dejar reposar 30 minutos.
5. Cortar la escarola en juliana fina y mezclarla con el vinagre de manzana y el aceite de girasol sobrantes. Colocarla en forma de corona alrededor de las patatas.

En primer término: Ensalada de invierno con corona verde

En segundo término: Ensalada de patata con mayonesa al perifollo

ENSALADAS VARIADAS DE PATATA

Patatas con arroz silvestre y albahaca

Ingredientes para 4 personas:
120 g de arroz silvestre
200 g de nata agria
100 g de nata dulce
4 cucharaditas de mostaza
2 cucharadas de zumo de limón
2-3 dientes de ajo
40 g de almendras picadas
2 ramilletes grandes de albahaca
4 ramas de perejil
Sal marina
Pimienta blanca recién molida
700 g de patatas pequeñas
20 g de mantequilla

Fácil

Por persona. 2000 kj/480 kcal
13 g de proteínas · 23 g de grasa · 55 g de hidratos de carbono · 6 g de fibra

- Remojo: 8-12 horas
- Preparación: 1 ¼ horas

1. Lavar el arroz con agua fría y remojarlo en 360 cc de agua durante 8-12 horas.
2. Para la salsa batir las dos natas a punto de crema y añadir la mostaza, el zumo de limón, el ajo prensado y las almendras. Picar la albahaca y el perejil, y mezclarlos con la salsa. Sazonar con sal y pimienta.
3. Lavar bien las patatas y cocerlas con el arroz en el agua de remojo. Pelarlas, cortarlas en dados y mezclarlas con el arroz. Añadir la mantequilla y salar al gusto.
Acompañar con la crema de albahaca. Puede servirse con calabacines guisados.

Gratén de patatas con costrada de cacahuetes

Ingredientes para 4 personas:
100 g de cacahuetes pelados
100 g de puerros
½ cucharada de tomillo
1 cucharada de mejorana
3 cucharadas de perejil picado
150 g de nata
150 cc de leche
1 huevo
1 ½ cucharaditas de sal de hierbas
½ cucharadita de nuez moscada recién rallada
850 g de patatas
100 g de queso Emmenthal recién rallado
20 g de mantequilla fría
Mantequilla para engrasar el molde

Para invitados

Por persona: 2700 kj/640 kcal
24 g de proteínas · 42 g de grasa · 40 g de hidratos de carbono · 8 g de fibra

- Tiempo de preparación: 1 hora y 20 minutos

1. Picar los cacahuetes, limpiar los puerros y cortarlos en tiras. Añadir las hierbas y mezclar todo bien.
2. Calentar el horno a 210 °C. Engrasar con mantequilla una fuente o molde refractario y batir la nata, la leche, el huevo, la sal y la nuez moscada.
3. Lavar las patatas bajo el chorro de agua pelarlas muy finas y cortarlas en rodajas de 3-4 mm de grosor.
4. Colocar las patatas en la fuente en tres capas con el puerro entero y la mitad del queso y rociarlas con un poco de nata. El resto del queso y de los cacahuetes espolvoreados sobre la última capa y regar con el batido de nata y huevo sobrante. Finalmente poner por encima la mantequilla cortada en lonchitas.
5. Gratinar al horno (centro) unos 40 minutos hasta que la superficie esté dorada. Pinchar las patatas con un tenedor para ver si están en su punto. Si no es así cocerlo 10 minutos más. Se sirve acompañado de verdura, como col verde, espinacas o berza rizada.

En primer término: Patatas con arroz silvestre y albahaca

En segundo término: Gratén de patatas con costrada de cacahuetes

Puré de aguacate y patata

Ingredientes para 4 personas:
700 g de patatas harinosas
¾ de cucharilla de sal marina
2 aguacates maduros (600 g)
2 cucharaditas de zumo de limón
100 g de crema fresca
2 cucharaditas de perifollo recién picado
Pimienta blanca recién molida

Para invitados
Fácil

Por persona: 2300 kj/550 kcal
7 g de proteínas · 45 g de grasa · 29 g de hidratos de carbono · 9 g de fibra

- Tiempo de preparación: 45 minutos

1. Lavar las patatas, pelarlas y cortarlas en cuartos. Cocerlas 20-25 minutos hasta que estén tiernas. Tirar el agua y dejarlas un momento sobre el disco apagado. Salarlas y aplastarlas hasta obtener un puré.
2. Pelar los aguacates, cortarlos a la mitad a lo largo y deshuesarlos. Picar la pulpa y añadirla a las patatas junto con el zumo de limón. Batir enérgicamente con el batidor de mano hasta formar un puré homogéneo.
3. Añadir el puré la crema fresca y el perifollo y sazonar con pimienta. Calentarlo lentamente removiendo hasta obtener la temperatura deseada. Servir enseguida. Se acompaña con zanahorias hechas en su jugo con unas tiras de puerro.

Rosti con pipas de girasol

Ingredientes para 2 personas:
500 g de patatas
1 cucharada de manteca
Sal marina
2 cucharadas de pipas de girasol

Elaborada

Por persona: 1300 kj/310 kcal
8 g de proteínas · 13 g de grasa · 39 g de hidratos de carbono · 7 g de fibra

- Tiempo de preparación: 2 ½-3 horas

1. Lavar las patatas y cocerlas al vapor en el cestillo de la olla exprés durante 25 minutos. Dejar enfriar del todo; esto dura 1 ½ horas.
2. Pelarlas y rallarlas en forma gruesa. Calentar en una sartén de teflón 1 cucharada escasa de manteca, añadir las patatas, salarlas y darles vueltas constantemente para que se recubran por igual de la grasa. Freírlas tapadas 4-5 minutos a fuego suave. Seguir friéndolas y dándoles la vuelta hasta que estén doradas. Si es necesario añadir un poco más de manteca. Ir formando una especie de tortilla dejando un borde para volcarla fácilmente. Taparla y dejar que se haga 15 minutos hasta que esté bien dorada por debajo.
3. Tostar aparte, y sin grasa, las pipas de girasol hasta que estén doradas.
4. Volcar el rosti en una fuente redonda y esparcir por encima las pipas tostadas. Puede servirse con una ensalada o con verdura.

Foto superior:
Puré de aguacate y patata
Foto inferior:
Rosti con pipas de girasol

Patatas a la crema y finas hierbas

Ingredientes para 4 personas:
800 g de patatas harinosas
100 g de cebollas
20 g de mantequilla
4 cucharaditas de sopa concentrada (o 2 cubitos)
2 hojas pequeñas de laurel
¼ l de agua
Cebollino y perejil picados (2 cucharadas de cada)
150 g de nata
Nuez moscada recién rallada

Fácil

Por persona: 1300 kj/310 kcal
6 g de proteínas · 17 g de grasa · 34 g de hidratos de carbono · 6 g de fibra

- Tiempo de preparación: 45 minutos

1. Lavar bien las patatas, pelarlas y cortarlas en dados. Pelar y picar las cebollas.
2. Glasear la cebolla en la mantequilla derretida y añadir las patatas, los cubitos, el laurel y el agua.
3. Cocerlas tapadas 18 minutos a fuego lento. Pasados 9 minutos removerlas.
4. Servirlas en una fuente precalentada y sacar el laurel.
Espolvorearlas con las hierbas y añadir la nata removiendo con cuidado para que no se deshagan. Sazonar ligeramente con nuez moscada. Pueden acompañarse con coles de Bruselas, brécoles, zanahorias, apio o espárragos.

Sugerencia

Sazone, para variar, con otras hierbas: levística, ajedrea, tomillo, mejorana o albahaca.

Patatas al curry con cebolletas

Ingredientes para 2 personas:
400 g de patatas
30 g de avellanas
25 g de mantequilla
30 g de pipas de girasol
1 cucharadita de curry
½ cucharadita de cúrcuma
125 g de cebolletas
1 diente de ajo
Sal marina

Puede prepararse con antelación

Por persona: 1800 kj/430 kcal
11g de proteínas · 27 g de grasa · 38 g de hidratos de carbono · 9 g de fibra

- Tiempo de preparación: 50 minutos

1. Lavar las patatas y cocerlas en poca agua unos 25 minutos
2. Picar las avellanas semigruesas y dorarlas en 5 g de mantequilla con las pipas de girasol. Añadir las especias y dorarlas también. Reservar.
3. Pelar y trocear las patatas. Lavar las cebolletas y cortarlas en trozos reservando un poco de la parte verde. Picar el ajo.
4. Derretir el resto de mantequilla en una sartén y añadir las patatas, la cebolleta y el ajo y salar. Freírlas, a fuego medio y removiendo continuamente durante 5 minutos. Incorporar las avellanas tostadas y servir en una fuente precalentada. Cortar en aros la parte verde de las cebolletas que se habrá reservado y espolvorear por encima de las patatas. Se sirve con col china, col blanca, apio o zanahorias.

En primer término: Patatas a la crema y finas hierbas

En segundo término: Patatas al curry con cebolletas

Patatas Duquesa

Quizá tenga guardadas en la despensa patatas viejas que están un poco arrugadas. Pues estas patatas son las mejores para preparar esta clásica receta, mucho mejores que las nuevas. Estos copitos de patata son una guarnición ideal para verduras finas. De esta masa de patata pueden hacerse también brioches o nidos de patata que luego puede rellenar con verduras o setas.

Ingredientes para 4 personas:

1 kg de patatas harinosas
80 g de mantequilla
2 yemas de huevo
1 huevo
Sal marina
Pimienta blanca recién molida
Nuez moscada recién rallada
Mantequilla para la placa

Para invitados

Por persona: 1600 kj/390 kcal
8 g de proteínas · 21 g de grasa · 39 g de hidratos de carbono · 6 g de fibra

- Tiempo de preparación: 1 ½ horas

1. lavar bien las patatas y cocerlas en poca agua 30 minutos. Pelarlas y pasarlas por el prensapatatas directamente a un recipiente hondo.

2. Añadir la mantequilla en trocitos y las yemas, removiendo todo bien. Batir el otro huevo y añadir dos tercios a las patatas. Sazonar con sal, pimienta y nuez moscada.

3. Calentar el horno a 200 °C. Engrasar bien con mantequilla una placa de horno. Rellenar la masa de patata en una manga pastelera con boquilla grande en forma de estrella. Con la manga pastelera formar unas rosetas sobre la placa y pintarlas con el huevo sobrante.

4. Meter al horno (centro) y cocerlas 20 minutos hasta que estén doradas.

Hamburguesas de patata a las finas hierbas

Utilice para este plato patatas viejas, por su mayor contenido en fécula. Si en invierno no consigue hierbas frescas puede utilizarlas congeladas o secas, puede también sazonar la masa con curry o algo similar a su gusto.

Ingredientes para 4 personas:
600 g de patatas harinosas
50 g de mantequilla
80 g de nueces o avellanas
30 g de puerro
1 puñado de perejil
Ajedrea y mejorana
2 hojas de levística
2 huevos pequeños
50 g de trigo molido
Sal marina
Pimienta negra recién molida
2 dientes de ajo
3 cucharadas de miga de pan integral

Prácticas para llevar

Por persona:
1900 kj/450 kcal
12 g de proteínas · 26 g de grasa · 40 g de hidratos de carbono · 6 g de fibra

- Tiempo de preparación: 1 hora y 20 minutos

1. Lavar las patatas y cocerlas en poca agua o en el suplemento de vapor, durante 25-30 minutos. Pelarlas, pasarlas por el prensapatatas y pesar 550 g. Añadir a esta cantidad 25 g de mantequilla en copos mezclando todo bien y dejándolo enfriar del todo.

2. Picar las nueces en forma semigruesa y reservarlas. Picar el puerro y el perejil, y arrancar las hojitas de la ajedrea y la mejorana. Hacer un puré con todas las hierbas y las nueces sobrantes.

3. Separar las claras de las yemas. Añadir a las patatas las yemas, la mezcla de hierbas, la harina, la sal y la pimienta. Prensar los ajos y añadirlos también. Trabajar todo bien hasta obtener una masa suave. Cortarla a la mitad y formar 2 rollos de unos 5 cm de diámetro.

4. Mezclar las nueces con la miga de pan. Batir las claras ligeramente y envolver en ellas las rodajas, para luego empanarlas con la mezcla de nueces y pan. Calentar un poco de mantequilla en una sartén y freír las rodajas por ambos lados hasta dorarlas.

Tortilla campesina

Ingredientes para 2 personas:
450-500 g de patatas
1 cucharadita de tomillo
125 g de cebollas
30 g de mantequilla
Sal de hierbas
½ cucharadita de tomillo seco
½ cucharadita de hierbas aromáticas
2 cucharadas de queso curado recién rallado
2 huevos
2 cucharadas de nata agria
1 cucharadita de cebollino picado

Rápida

Por persona:
1900 kj/450 kcal
16 g de proteínas · 23 g de grasa · 43 g de hidratos de carbono · 8 g de fibra

- Tiempo de preparación: 1 hora

1. Lavar las patatas y cocerlas 25 minutos con el tomillo.
Enfriarlas un poco, pelarlas y cortarlas en rodajas.
2. Pelar las cebollas, cortarlas a la mitad y en tiras finas.
3. Calentar en una sartén 20 g de mantequilla y añadir la cebolla y las patatas; sazonar con poca sal, tomillo y las hierbas aromáticas. Freírlas a fuego medio hasta que estén ligeramente doradas.
4. Sacar las patatas de la sartén y derretir en ella el resto de mantequilla, meter de nuevo las patatas en la sartén y espolvorearlas con el queso.
5. Batir los huevos con la nata, y verterlos sobre las patatas. Tapar y dejar que se cuajen. Espolverar con el cebollino y servir.

Tortitas de patata

Ingredientes para 4 personas.
800 g de patatas
100 g de cacahuetes pelados
100 g de queso Emmenthal
100 g de cebollas
2 dientes de ajo
2 huevos
2 cucharadas de crema fresca
1 puñado de hierbas variadas como perejil, levística, tomillo y cebollino, todo recién picado
1 cucharadita de hierbas aromáticas
Sal marina
Pimienta negra recién molida
Nuez moscada recién rallada
15 g de mantequilla y además mantequilla para la sopa

Fácil

Por persona: 2200 kj/520 kcal
23 g de proteínas · 32 g de grasa · 36 g de hidratos de carbono · 8 g de fibra

- Tiempo de preparación: 1 hora y 10 minutos

1. Lavar las patatas, cocerlas 25 minutos, pelarlas y rallarlas en forma gruesa.
2. Tostar los cacahuetes en una sartén sin grasa hasta que estén dorados. Rallar 4 cucharadas de queso, el resto cortarlo en dados y meterlos en un recipiente. Añadir los cacahuetes —reservando 2 cucharadas— y picar todo menudamente con la picadora eléctrica. Calentar el horno a 200 °C.
3. Picar la cebolla y el ajo. Batir los huevos y la crema fresca y mezclarlo con las patatas añadiendo las hierbas y los ingredientes preparados. Sazonar con sal, pimienta, nuez moscada y las hierbas aromáticas.
4. Con ayuda de 2 cucharas formar unas bolas de la masa, colocarlas sobre la placa engrasada y luego aplastarlas haciendo unas tortitas.
5. Espolvorearlas con el queso rallado y los cacahuetes y cubrirlas con unas lonchas finas de mantequilla.
6. Meter al horno (centro) y hacerlas 15 minutos hasta que el queso se dore.
Se sirven con verduras.

Foto superior: Tortilla campesina
Foto inferior: Tortitas de patata

Bolas de patata gratinadas

Ingredientes para 2 personas:
450 g de patatas harinosas
½ cucharadita de comino
1 huevo
4 cucharadas de nata
2 cucharadas de queso parmesano recién rallado
¾ de cucharadita de sal de hierbas
Nuez moscada recién molida
1 cucharada de almendras fileteadas
Mantequilla para el molde

Fácil
Puede prepararse con antelación

Por persona: 1400 kj/330 kcal
13 g de proteínas · 16 g de grasa · 36 g de hidratos de carbono · 6 g de fibra

- Tiempo de preparación: 1 hora y 10 minutos

1. Lavar las patatas y cocerlas con el comino en un poco de agua unos 25-30 minutos hasta que estén tiernas. Pelarlas y prensarlas.
2. Calentar el horno a 200 °C. Engrasar un molde con abundante mantequilla (puede ser un molde de pizza).
3. Separar la yema de la clara. Mezclar la yema con la nata, el queso, la sal y las especias, y añadir todo a las patatas removiendo bien. Batir la clara a punto de nieve y añadirla cuidadosamente con ayuda de un tenedor.
4. Formar unas bolas con dos cucharas y colocarlas en el molde. Espolvorearlas con las almendras. Meter al horno (centro) y cocerlas 20 minutos hasta que se doren.

Migas de patata con sésamo

Ingredientes para 4 personas:
750 g de patatas
40 g de avellanas
1 cucharadita de cilantro
50 g de alforfón molido fino
¼ - ½ cucharadita de sal marina
1 huevo grande
50 g de mantequilla
2 cucharadas de semillas de sésamo

Fácil

Por persona: 1600 kj/380 kcal
9 g de proteínas · 21 g de grasa · 40 g de hidratos de carbono · 6 g de fibra

- Tiempo de preparación: 1 hora y 20 minutos

1. Lavar las patatas y cocerlas 25-30 minutos en poca agua o al vapor usando el suplemento de la olla exprés.
Pelarlas y pasarlas por el prensapatatas estando aún calientes.
2. Picar las avellanas. Machacar el cilantro en el mortero y mezclarlo con las avellanas, la harina y la sal, y añadir todo a las patatas. Agregar el huevo y formar a mano una especie de migas.
3. Calentar la mantequilla en dos sartenes grandes. Esparcir la masa en ambas sartenes y remover para que la grasa se adhiera regularmente. Espolvorear con el sésamo. Seguir moviendo las sartenes y freír 10-15 minutos hasta que se dore.
Se sirve con verdura como col verde, espinacas, con rizada o cebollas guisadas.

Sugerencia

También puede sazonar esta masa de patata con comino, tomillo, mejorana, salvia fresca, hierbas aromáticas, etc.
Está muy sabroso si lo espolvorea, antes de servirlo, con 4 cucharadas de queso rallado.

En primer término:
Bolas de patata gratinadas

En segundo término:
Migas de patata con sésamo

Rollitos de acelgas con parmesano

Ingredientes para 4 personas:
500 g de patatas poco harinosas
12 hojas de acelga (600 g)
100 g de espelta triturada en forma gruesa
240 g de cebollas
20 g de mantequilla
150 g de queso fresco de oveja
2 cucharadas de mejorana
2 cucharadas de perejil
2 cucharadas de hojas de borraja recién picadas
2 dientes de ajo
1 cucharadita de sal marina
Pimienta negra recién molida
Nuez moscada recién rallada
500 g de tomates maduros
4 cucharadas de aceite de oliva sin refinar
4 cucharaditas de caldo granulado de verdura
4 cucharaditas de hojitas de tomillo fresco
5 cucharadas de queso parmesano recién rallado
5-6 cucharadas de nata líquida

Para invitados
Elaborada

Por persona: 2400 kj/570 kcal
21 g de proteínas · 31 g de grasa · 50 g de hidratos de carbono · 11 g de fibra

- Tiempo de preparación: 1 1/4 horas

1. Lavar bien las patatas y cocerlas en poca agua 25 minutos.
2. Mientras lavar las acelgas, cortar los tallos y reservarlos. Blanquear las hojas en agua hirviendo (de dos en dos) durante 1 minuto, sacarlas con una espumadera y escurrirlas bien en un colador.
3. Cocer la espelta en 180 cc de caldo unos 2 minutos y sin dejar de remover, apagar la cocina y dejar que repose 15 minutos hasta que haya absorbido por completo el caldo.
4. Pelar las cebollas y picar una parte finamente para el relleno (2 cucharadas), el resto picarlo grueso.
5. Pelar las patatas y aplastarlas. Añadir la mantequilla y el queso de oveja desmenuzado. Incorporar la espelta, la cebolla picada fina y las hierbas. Prensar el ajo directamente sobre las patatas y mezclar bien todos los ingredientes. Sazonar con sal, pimienta y nuez moscada.
6. Extender un poco de la masa de patata sobre cada una de las hojas de acelga, cerrar las hojas por los lados y enrollarlo formando un paquetito.
7. Cortar los tallos reservados en tiras finas.
8. Cortar los tomates a la mitad, sacar la pulpa blanda con las semillas, picarlo y colocarlo en una cazuela que pueda luego llevarse a la mesa. Picar el resto de los tomates en forma gruesa y reservarlos. Dejar cocer un momento el tomate de la cazuela.
9. Añadir a la cazuela el aceite, los tallos cortados y los dados gruesos de cebolla y rehogarlo todo 3 minutos.
10. Agregar los dados de tomate, el caldo y el tomillo, y remover bien.
11. Colocar los rollitos de acelga sobre el lecho de tomate, tapar la cazuela y cocer 20-25 minutos a fuego medio.
12. Añadir al queso la nata necesaria y remover hasta formar una masa cremosa. Poner sobre cada rollito un poco de esta mezcla y servir enseguida. Se acompaña con ensalada de hinojo, lechuga y calabacines.

Variante: Si no dispone de acelgas puede preparar los rollitos con col verde rizada o con col china.

Los rollitos de acelgas con parmesano se preparan sobre un lecho de tomates, y poco antes de servirlos se coronan con un copete de nata y queso.

Patatas con avellanas y requesón al curry

Ingredientes para 2 personas:
500 g de patatas
1 cucharada de mantequilla
250 g de requesón
100 g de nata agria
2 cucharaditas de mostaza semidulce
1 ½ cucharaditas de curry en polvo
¾ de cucharadita de cáscara rallada de limón
1 ¼ cucharadas de zumo de limón
1 ½ cucharadas de finas hierbas recién picadas (perejil, melisa y tomillo)
250 g de colinabo tierno
1 cucharada de cebollino picado
30-40 g de avellanas

Fácil

Por persona: 1800 kj/430 kcal
12 g de proteínas · 22 g de grasa · 48 g de hidratos de carbono · 9 g de fibra

- Tiempo de preparación: 45 minutos

1. Lavar las patatas bajo el chorro de agua, pelarlas y trocearlas. Calentar en una sartén la mitad de la mantequilla con 2 cucharadas de agua y añadir las patatas. Tapar la sartén y moverla con fuerza a fuego fuerte dejando que se hagan luego a fuego suave 15 minutos.
2. Remover el requesón con la nata agria y la mostaza hasta que esté cremoso. Añadir las especias y las hierbas y mezclarlo bien.
3. Pelar el colinabo y rallar el bulbo. Las hojas tiernas cortarlas en tiritas. Añadir ambas cosas al requesón, sazonarlo y espolvorearlo con el cebollino.
4. Picar las avellanas y esparcirlas sobre las patatas. Añadir el resto de mantequilla y freírlas a fuego suave 3-4 minutos removiendo continuamente.

Patatas con verdura de invierno

Ingredientes para 2-3 personas:
300 g de tallo de apio
200 g de cebollas
250 g de zanahorias
400 g de patatas harinosas
1 cucharada de mantequilla
1 cucharada de aceite de girasol
2-2 ½ cucharaditas de sal marina
2 cucharaditas de tomillo seco
1 ½ cucharaditas de hojas de levística secas y desmenuzadas
4 cucharadas de nata agria
2 cucharadas de perejil recién picado

Fácil

Para dos personas, cada ración: 1700 kj/400 kcal
9 g de proteínas · 20 g de grasa · 46 g de hidratos de carbono · 18 g de fibra

- Tiempo de preparación: 45 minutos

1. Limpiar el apio, lavarlo y reservar las hojas. Cortar el tallo en tiras. Cortar la cebolla también en tiras. Lavar las zanahorias y las patatas, rasparlas o pelarlas y cortar las zanahorias en rodajas y las patatas en dados gruesos.
2. Calentar en una sartén el aceite y 1 cucharada de agua y rehogar la cebolla y las patatas 2-3 minutos removiendo continuamente.
3. Añadir a la sartén las zanahorias, el apio, la sal, las hierbas y 7 cucharadas de agua y mezclar todo bien. Tapar la sartén y dejar que empiece a cocer a fuego fuerte, reducir el calor y cocer 15 minutos.
4. Batir la nata agria con 3-4 cucharadas de agua y mezclarla con la verdura. Picar el apio reservado y añadirlo también. Asimismo picar la parte verde del apio. Sazonar las patatas y espolvorearlas con el perejil y el apio.

Foto superior: Patatas con avellanas y requesón al curry

Foto inferior: Patatas con verdura de invierno

Ñoquis de patata con salsa de puerro

Ingredientes para 4 personas:

Para los ñoquis:

- *500 g de patatas harinosas*
- *1 huevo*
- *50 g de espelta molida*
- *Sal marina*
- *½ cucharadita de mejorana seca*
- *Nuez moscada recién rallada*
- *80-100 g de trigo molido fino*
- *2 ½ -3 l de agua*

Para la salsa de puerro:

- *400 g de puerros (utilizar solamente la parte blanca y verde clara)*
- *300 cc de agua*
- *2 ½-3 cucharaditas de caldo de verdura granulada*
- *100 g de queso azul*
- *125 g de crema fresca*
- *1 cucharada de perejil*
- *2 cucharaditas de zumo de limón*

Para invitados
Puede prepararse con antelación

Por persona: 1900 kj/450 kcal
16 g de proteínas · 23 g de grasa · 46 g de hidratos de carbono · 8 g de fibra

- Tiempo de preparación: 2 ¼ horas

1. Lavar las patatas y cocerlas en poca agua o en la olla exprés utilizando el suplemento con agujeros; pelarlas y pasarlas calientes por el prensapatatas. Dejar enfriar del todo.

2. Añadir a la masa el huevo, la espelta, ½ cucharadita de sal, mejorana y 1 buen pellizco de nuez moscada, y mezclarlo bien. Añadir la harina de trigo necesaria hasta obtener una masa suave y no demasiado firme.

3. Formar a mano unos ñoquis alargados del tamaño de una nuez.

4. Colocarlos en un plato humedecido con agua. Ya hechos todos hacerles un dibujo acanalado utilizando el dorso de un tenedor humedecido. Pasados 10 minutos de reposo, poner a hervir el agua con 1 cucharadita de sal.

5. Para la salsa limpiar los puerros, cortarlos a la larga y luego en juliana fina. Ponerlos en una cazuela alta y estrecha con el agua y el caldo (pueden utilizarse también cubitos). Tapar y cocer 10-15 minutos a fuego lento.

6. Introducir los ñoquis en la cazuela con agua hirviendo y tan pronto suban a la superficie dejar que reposen 3 minutos.

7. Hacer un puré fino con los puerros cocidos. Añadir el queso y desmenuzar con una cuchara de madera. Agregar la crema fresca y batir todo con la batidora eléctrica. Incorporar finalmente el perejil y el zumo de limón.

8. Sacar los ñoquis del agua con una espumadera, escurrirlos y servirlos en platos precalentados acompañados de la salsa. Pueden servirse también con una ensalada de lechuga con tomate y unas tiras de pimiento.

Variante:
Ñoquis de patata a la provenzal
Colocar los ñoquis, uno junto a otro, en un molde engrasado con mantequilla (un molde de pizza) y espolvorear con 4 cucharadas de queso parmesano recién rallado. Regar con 100 g de nata y espolvorear con 1-2 cucharadas de hojitas de tomillo o 1-2 cucharaditas de hierbas secas de la Provenza. Meter al horno precalentado (arriba) a 200 °C y gratinar 10-15 minutos hasta que estén dorados. Se sirven con col verde rizada, acelgas con zanahorias, espinacas, o coles de Bruselas.
Los ñoquis de patata pueden servirse también —espolvoreados con parmesano— con una aromática salsa de tomate o con verduras frescas de la huerta, compuesta por tomates, calabacines, pimientos y judías verdes. Con la misma masa puede formar pequeñas albondiguillas y servirlas como guarnición de un consomé de verdura.

Sugerencia

Si va a tener invitados puede preparar la masa con antelación y sólo tendrá que introducirlos en agua hirviendo.
Los ñoquis cocidos pueden congelarse también fácilmente.

Patatas con judías verdes

Ingredientes para 2 personas:
300 g de judías verdes tempranas
400 g de patatas poco harinosas
1 cebolla (70 g)
1 dientes de ajo
1 cucharada de aceite de oliva sin refinar
1 cucharadita de caldo granulado de verdura (o cubitos)
Sal marina
4 ramas de ajedrea
150 g de pimientos rojos
200 g de tomates maduros de carne firme
Pimienta negra recién molida
1 puñado de albahaca y 1 cucharada de perejil recién picado
8 cucharadas de nata agria

Fácil

Por persona: 1500 kj/360 kcal
12 g de proteínas · 11 g de grasa · 50 g de hidratos de carbono · 14 g de fibra

- Tiempo de preparación: 1 hora

1. Lavar las judías, quitarles las puntas y cortarlas a la mitad diagonalmente. Limpiar y lavar las patatas y cortarlas en rodajas. Picar la cebolla y el ajo.
2. Calentar el aceite con 1 cucharada de agua y estofar la picada de cebolla y ajo.
3. Añadir las judías verdes, las patatas, el caldo, ½ cucharadita de sal, la ajedrea y ¼ l de agua, y cocer a fuego medio 10 minutos.
4. Quitar las semillas a los pimientos y cortarlos en tiras. Añadirlos a las patatas y cocer 10 minutos más.
5. Trocear los tomates y mezclarlos con la verdura dejando reposar 2 minutos. Sacar la ajedrea y sazonar las patatas con pimienta y poca sal.
6. Mezclar la albahaca y el perejil con la nata y adornar cada plato con un copete de la mezcla.

Patatas y zanahorias con salsa de salvia

Ingredientes para 2 personas:
400 g de patatas preferentemente poco harinosas
350 g de zanahorias, a ser posible con verde
2 cucharaditas de caldo de carne (cubitos)
Sal marina
1 cebolla (40 g)
1 diente de ajo
30 g de mantequilla
2 puñados de hojitas tiernas de salvia
100 g de crema fresca
Pimienta negra recién molida
2 cucharadas de queso parmesano recién rallado

Rápida

Por persona: 2300 kj/550 kcal
11 g de proteínas · 36 g de grasa · 42 g de hidratos de carbono · 12 g de fibra

- Tiempo de preparación: 1 hora

1. Limpiar las patatas y las zanahorias, lavarlas y cortarlas en rodajas. Reservar un poco de verde de las zanahorias.
2. Hervir 8 cucharadas de agua con los cubitos, añadir las patatas y las zanahorias, y salar al gusto. Tapar y cocer 20 minutos a fuego medio.
3. Picar el verde de las zanahorias (sin rabos) y añadir a las patatas cuando hayan pasado 10 minutos del tiempo de cocción.
4. Picar las cebolla y el ajo, y glasearlos en la mantequilla. Cortar la salvia en tiritas y rehogarlas 2 minutos con la cebolla.
5. Retirar la cazuela del fuego, añadir la crema fresca y salpimentar. Mezclar la salsa con las verduras y espolvorear con queso rallado.

En primer término: Patatas con judías verdes

En segundo término: Patatas y zanahorias con salsa de salvia

Patatas y calabazas al curry

La calabaza no tiene en sí un sabor natural muy pronunciado. Por eso se complementa extraordinariamente con especias picantes como pimienta de Cayena, curry, jengibre, ajo, pimentón y zumo o cáscara de limón. Y lo hace asimismo con otras verduras, como puerros, zanahorias, pimientos, tomates y cebollas.

Ingredientes para 4 personas:
125 g de anacardos pelados
1 kg de calabaza (limpia) con un peso neto de 800 g
300 g de pimientos amarillos
4 pimientos verdes picantes
200 g de cebollas
2-3 dientes de ajo
750 g de patatas harinosas
40 g de mantequilla
3 ½ cucharadas de curry
2 cucharaditas de sal marina
La cáscara rallada de 1 limón
4-5 cucharadas de zumo de limón
2-3 cucharaditas de raíz de jengibre recién rallada
2 cucharadas de crema fresca
2 cucharadas de melisa recién picada
Unas hojitas de melisa

Fácil

Por persona: 220 kj/520 kcal
14 g de proteínas · 23 g de grasa · 58 g de hidratos de carbono · 10 g de fibra

- Tiempo de preparación: 1 ¼ horas

1. Tostar en una sartén sin grasa los anarcados pelados y darles vuelta continuamente hasta que estén dorados.
2. Pelar la calabaza y sacar la parte más blanda con una cucharada. Luego cortar la pulpa en dados de 1 ½ cm.
3. Cortar los pimientos en cuartos, sacar las semillas y cortarlos después en tiras de 1 cm de ancho y éstas, a su vez, en rombos. Cortar a la larga los pimientos picantes y extraer las semillas y pieles. Lavarlos y picarlos finos. Picar la cebolla gruesa y el ajo fino.
4. Lavar muy bien las patatas y sin pelarlas cortarlas en dados de 1-1 ½ cm.
5. Derretir la mantequilla en una cazuela y rehogar la cebolla, el ajo y las patatas durante 5 minutos y dando vuelta continuamente.
6. Añadir el curry rehogándolo ligeramente. Salar, agregar 200 cm de agua y cocer tapado 5 minutos.
7. Mezclar con las patatas la calabaza, los pimientos y los pimientos picantes y estofar el conjunto unos 10 minutos, procurando que las verduras no queden demasiado deshechas.
8. Sazonar con cáscara de limón, zumo de limón, jengibre, crema fresca, melisa y los anarcados. Mezclar todo bien y servir adornado con hojas de melisa.

Sugerencia

¿Le ha quedado algún resto de calabaza? Mézclela con escarola, apio o tiras de hinojo. Haga una salsa de yogur y nata y obtendrá una deliciosa ensalada rica en vitaminas. O, ¿qué le parece una macedonia de frutas con calabaza, kiwis, ciruelas o uvas negras, manzanas y nueces? O pan de calabaza y pastel de calabaza son muy sabrosos.
Los trozos de calabaza cortados se conservan 3 días en el departamento de las verduras si se envuelven en papel de aluminio. También puede congelarse, bien sea troceada, en rodajas o rallada.

Con calabaza, patatas y especias picantes se prepara este sabroso plato.

Tortilla de patata

Ingredientes para 2 personas:
500 g de patatas poco harinosas
3 huevos
Aceite
½ cucharada de sal
125 g de cebolla (si se desea)

Fácil

Por persona: 2000 kj/480 kcal
13 g de proteínas · 39 g de grasa · 17 g de hidratos de carbono · 0 g de fibra

- Tiempo de preparación: 40 minutos

1. Se pelan las patatas, se lavan y se cortan en redondo. Se sazonan con sal y se echan en la sartén, donde tendremos el aceite ya caliente.
2. Si se desea la tortilla con cebolla, se pica y se echa sobre las patatas. Con un tenedor se revuelve de nuevo todo. Se deja un rato y se revuelve de nuevo. Ha de revolverse con bastante frecuencia a fin de que las patatas queden blandas y se deshagan.
3. Cuando las patatas estén blandas, se retiran con la espumadera, escurriéndolas, y se echan sobre los huevos, que tendremos ya batidos en un bol.
4. Se escurre el aceite de la sartén y con el fondo aceitado solamente, echamos los huevos y las patatas. Se deja un ratito moviendo con ligeras sacudidas la sartén y se le da la vuelta con la ayuda de un plato o una tapadera.
5. Una vez doradita por los dos lados, la colocaremos en una fuente redonda de servir.

Puré de patata con crepes de setas salteadas

Ingredientes para 2 personas:
350 g de bulbo de apio
300 g de patatas harinosas
1 cucharada de avellanas
5 cucharadas de nata
45 g de mantequilla
Sal marina
1 huevo
5 cucharadas de leche
20 g de trigo molido
150 g de setas (pleurotos)
70 g de cebollas
Pimienta blanca recién molida
1 cucharadita de perejil

Para invitados
Fácil

Por persona: 2400 kj/570 kcal
50 g de proteínas · 36 g de grasa · 40 g de hidratos de carbono · 15 g de fibra

- Tiempo de preparación: 1 ¼ horas

1. Limpiar el apio, lavarlo, pelarlo y trocearlo. Lavar las patatas, pelarlas finas y cortarlas en dados.
2. Hervir ¼ l de agua y cocer en ella el apio y las patatas 25 minutos a fuego medio.
3. Picar las avellanas con un cuchillo grande, tostarlas en una sartén sin grasa y reservarlas.
4. Escurrir el agua de cocer las patatas y hacer un puré con ellas y el apio. Añadir la nata y 20 g de mantequilla y batirlo también. Salar al gusto y esparcir por encima las avellanas tostadas.
5. Batir el huevo con la leche y la harina. Quitar el pedúnculo a las setas, limpiarlas con papel de cocina y cortarlas en tiras o picarlas.
6. Picar la cebolla en forma gruesa y glasearla en 15 g de mantequilla. Añadir las setas y saltearlas a fuego vivo 2-3 minutos.
7. Añadir a las setas los 10 g restantes de mantequilla. Verter por encima el batido de harina y freír a fuego medio hasta que se cuaje por debajo. Darle la vuelta, trocearlo y dejar que acabe de hacerse hasta que esté dorado. Espolvorear con perejil picado.

Foto superior:
Tortilla de patata

Foto inferior: Puré de patata con crepes de setas salteadas

Patatas gratinadas con puré de col

Ingredientes para 4 personas:
8 patatas poco harinosas
100 g de cacahuetes con cáscara
80 g de queso Gruyere
200 g de puerros
120 g de nata dulce
4 cucharadas de nata agria
2 cucharadas de mejorana fresca o 2 cucharitas de mejorana seca
Nuez moscada recién rallada
50 g de mantequilla
500 g de col verde
1 cebolla de 60 g
2 cubitos de caldo de verdura
300 cc de agua
2 cucharadas de perejil
Mantequilla para engrasar

Para invitados
Elaborada

Por persona: 2800 kj/670 kcal
26 g de proteínas · 41 g de grasa · 46 g de hidratos de carbono · 15 g de fibra

- Tiempo de preparación: 2 horas

1. Lavar bien las patatas bajo el chorro de agua y cocerlas 25 minutos.
2. Mientras pelar los cacahuetes, tostarles sin dejar de remover, enfriarlos y luego picarles con un cuchillo grande.
3. Rallar 2 cucharadas del queso y reservarlas. El resto cortarlo en dados gruesos y meterlo en una picadora. Lavar los puerros y cortarles a la larga. Picar 100 g de forma gruesa y añadirlo a la picadora. Picarlos finamente con el queso y reservar el resto.
4. Dejar enfriar algo las patatas y pelarlas si es necesario. Cortar una tapa a cada patata y vaciarlas dejando 1 cm de espesor.
5. Poner en un recipiente 200 g de la masa de patata y aplastarla con un tenedor (reservar el resto). Añadir la mezcla de puerro y queso, los cacahuetes y 4 cucharadas de nata agria y mezclar todo bien. Sazonar con sal, mejorana y nuez moscada.
6. Calentar el horno a 200 °C. Poner dentro de cada patata una nuez de mantequilla, rellenarlas con la farsa y espolverarlas con queso rallado. Colocarlas sobre una fuente refractaria engrasada y reservar.
7. Para hacer el puré de col lavar bien la col con agua templada. Picar las hojas en forma gruesa.
8. Meter las patatas al horno (centro) y gratinarlas hasta que el queso se dore.
9. Picar la cebolla, cortar el puerro restante en juliana y rehogar ambas cosas en la mantequilla sobrante. Añadir la col, la masa de patata sobrante, los cubitos desmenuzados y el agua. Cocer 15 minutos a fuego suave y luego hacer el puré.
10. Retirar la cazuela del fuego y añadir el resto de nata y el perejil, remover bien con el puré y sazonar con nuez moscada.
11. Servir las patatas y el puré en platos precalentados. Acompañar de una ensalada cruda de zanahorias, apio, lechuga silvestre y nueces.

Una comida ideal para agasajar a sus invitados vegetarianos: Patatas gratinadas con puré de col

Gratén de patatas y chucrut

Ingredientes para 2 personas:
400-500 g de patatas
250 g de cebollas
30 g de mantequilla
200 g de manzanas
400 g de chucrut
½ cucharadita de sal marina
2 cucharaditas de tomillo seco
½ -1 cucharadita de comino
2 cucharaditas de pimentón dulce
½ cucharadita de pimentón picante
125-150 g de nata agria
3 cucharadas de queso curado
Mantequilla para la fuente

Fácil

Por persona: 2300 kj/550 kcal
18 g de proteínas · 26 g de grasa · 64 g de hidratos de carbono · 18 g de fibra

- Tiempo de preparación: 1 hora y 10 minutos

1. Cocer las patatas 20 minutos no demasiado blandas.
2. Picar la cebolla y rehogarla en la mantequilla. Añadir las manzanas previamente cortadas en lonchitas y quitadas las pepitas. Incorporar el chucrut, el tomillo, la sal y las especias y mezclar bien.
3. Calentar el horno a 200 °C. Pelar las patatas y cortarlas en rodajas. Engrasar una fuente refractaria y revestir el fondo con la mitad de las patatas. Extender encima el chucrut y cubrirlo con el resto de patatas.
4. Verter por encima la nata batida y espolvorear con queso rallado.
5. Meter al horno (centro) y gratinar 30 minutos.

Gratén de patatas y calabacines

Ingredientes para 4 personas:
800 g de patatas harinosas
200 g de cebollas
3-4 dientes de ajo
200 g de pimientos amarillos
200 g de pimientos verdes
4 cucharadas de aceite de girasol
500 g de calabacines
250 g de tomates maduros
Sal marina
20 g de espelta semimolida
2 cucharadas de perejil y 2 cucharadas de mejorana
3 cucharadas de hojitas de tomillo
Pimienta negra recién molida
300 g de queso Mozzarella
40 g de queso parmesano
1 cucharada de miga de pan integral
Mantequilla para la fuente

Puede prepararse con antelación

Por persona: 2300 kj/550 kcal
28 g de proteínas · 26 g de grasa · 49 g de hidratos de carbono · 11 g de fibra

- Tiempo de preparación: 1 ½ horas

1. Cocer las patatas sin que queden demasiado blandas. Cortar la cebolla en tiras y picar el ajo. Cortar los pimientos también en tiras quitando las semillas.
2. Calentar el aceite y añadir la cebolla, el ajo y los pimientos, y dejar rehogar 8 minutos.
3. Cortar los calabacines en rodajas y los tomates en dados.
4. Salar la verdura. Mezclar los calabacines con los tomates, la espelta, el perejil, la mejorana y 2 cucharadas de tomillo y sazonar con pimienta.
5. Pelar las patatas y cortarlas en rodajas. Colocar la mitad en una fuente refractaria engrasada. Poner encima las verduras y cubrir con el resto de patatas haciéndolo en forma escalonada.
6. Cortar en dados el queso Mozzarella, mezclarlo con el queso rallado y esparcirlo por la superficie. Espolvorear con el resto de tomillo y las migas.
7. Meter al horno (centro) y gratinar a 200 °C unos 25 minutos.

En primer término: Gratén de patatas y chucrut

En segundo término: Gratén de patatas y calabacines

Puré de patatas y guisantes con apio

Ingredientes para 4 personas:

Para el puré:

- *200 g de guisantes verdes secos*
- *2 hojas pequeñas de laurel*
- *1 cucharadita escasa de sal marina*
- *3 cucharadas de almendras*
- *500 g de patatas harinosas*
- *140 cc de leche*
- *40 g de mantequilla*
- *4 cucharadas de nata*
- *1 cucharada de hojitas de tomillo*
- *2 cucharaditas de mejorana seca*
- *2 cucharadas de perejil recién*

Para el apio:

- *2 bulbos de apio (de 400 g cada uno)*
- *600 cc de agua*
- *1 cubito de caldo de verdura*
- *Sal marina*
- *4 cucharadas de harina integral de trigo*
- *1 huevo*
- *4 cucharadas de miga de pan integral*
- *40 g de mantequilla*

Utilizar preferentemente patatas viejas

Por persona: 2700 kj/640 kcal
25 g de proteínas · 29 g de grasa · 73 de hidratos de carbono · 20 g de fibra

- Remojo:
  Durante toda la noche
- Tiempo de preparación:
  1 hora

1. Remojar los guisantes, previamente lavados en ½ l de agua fría durante la noche. Al día siguiente añadir las hojas de laurel y la sal, y cocerlos, en esa misma agua, 20-25 minutos.
2. Filetear las almendras y tostarlas hasta que se doren. Reservarlas.
3. Pelar las patatas, lavarlas y cortarlas en dados de 2 cm. Añadirlas a los guisantes y cocer a fuego medio 15-20 minutos más. Retirar el laurel y escurrir el caldo si lo hubiera.
4. Calentar la leche a 40 °C y añadir la mitad a la patatas.
Añadir también la mantequilla, la nata, el tomillo y la mejorana y hacer con todo un puré. Añadir poco a poco la leche necesaria hasta que el puré quede esponjoso. Incorporar el perejil y rectificar con un poco de sal si es necesario.
5. Lavar los bulbos de apio, pelarlos y cortarlos en 8 rodajas de 1 ½ cm de grosor.
6. Hervir el agua con los cubitos de caldo y cocer en ella las rodajas de apio durante 10 minutos a fuego medio.
No deben quedar muy blandas. Luego escurrirlas en un colador.
7. Salar el apio ligeramente. Pasar las rodajas por harina, luego por huevo batido y finalmente empanarlas en la miga integral.
8. Calentar la mantequilla (no demasiado) y freír las rodajas de apio por ambos lados hasta que se doren.
9. Servir el puré y el apio en platos precalentados. Adornar el puré con almendras fileteadas. Como primer plato pueden servirse unas zanahorias crudas, aguacates y berros.

Variante: En lugar de apio puede servir con el puré unas zanahorias rehogadas y cocidas en su jugo.

¡Sugerencia!

Si quiere «aumentar» el puré con mitad leche, mitad caldo de verdura, puede servirlo como sopa con unos tropezones de pan frito.

Una comida excelente para el otoño: Rodajas de apio empanadas y crujientes con puré de patata, que, mezclado con los guisantes, resulta aún más nutritivo.

Pan de patata

Este pan esponjoso y suave puede cortarse 6 horas después de cocido. Es como mejor sabe, aunque dura 3-4 días conservándolo en sitio fresco.
Una exquisita variante se consigue utilizando otras especias y hierbas, por ejemplo, cilandro, nuez moscada, tomillo u orégano.

Ingredientes para 2 barras:
350 g de patatas harinosas
25 g de levadura prensada
100 cc de agua templada
2 cucharaditas escasas de sal
400 g de espelta
100 g de centeno
1 cucharadita de comino
Hinojo y anís en grano
25 g de mantequilla
Mantequilla para la placa
Para pintar el pan:
Agua o huevo batido
Para espolvorear: Pepitas de calabaza, sésamo, pipas de girasol, adormidera, comino, semillas de lino o nueces picadas

Para invitados
Fácil

Una barra contiene:
4200 kj/1 000 kcal
33 g de proteínas · 17 g de grasa · 180 g de hidratos de carbono · 29 g de fibra

- Tiempo de preparación: 2-2 ½ horas

1. Lavar las patatas y cocerlas al vapor utilizando el suplemento perforado o cestillo, durante 20-30 minutos.

2. Mientras mezclar en un recipiente hondo la levadura desmenuzada, el agua y la sal. Moler la espelta y el centeno junto con las especias. Añadir al agua la harina necesaria hasta formar una masa previa blanda. Taparla y dejar levar hasta que estén cocidas las patatas.

3. Pelar las patatas, pasarlas por el prensapatatas y unirlas a la masa removiendo bien.

4. Derretir la mantequilla y añadirla templada a la masa. Incorporar el resto de harina y amasarlo con la máquina de cocina unos 10 minutos. La masa debe ser suave, elástica y ligeramente pegajosa. Taparla y dejar que repose 30-45 minutos hasta que haya aumentado su volumen casi el doble.

5. Engrasar con mantequilla una placa y encender el horno a 220 °C. Trabajar la masa sobre una superficie enharinada y cortarla a la mitad. Formar una barra con cada trozo de 25 cm de larga.

6. Colocarlas sobre la placa, taparlas con un paño de cocina y dejarla reposar otros 15 minutos.

7. Pintar las barras con agua o huevo batido y adornarlas con unas pepitas de calabaza o espolvorearlas con otras semillas al gusto. Hacer un corte en el centro (de 1 ½ cm de profundidad) utilizando un cuchillo puntiagudo para evitar que se abra de forma irregular.

8. Meter al horno (centro) y cocerlo. Pasados 10 minutos reducir la temperatura a 200 °C y seguir cociendo 25 minutos más hasta que esté dorado. Enfriar sobre una rejilla.

Variante:
Panecillos de patata
De esta misma masa puede hacer unos crujientes bollitos. Para ello preparar una masa —como ya hemos descrito— y formar 2 rollos. Cortar cada uno de ellos en 12 trozos iguales, formar unas bolas y dejarlas reposar, sobre la placa engrasada, unos 10-15 minutos. Pintar los panecillos con agua o huevo batido y espolvorearlos con semillas al gusto presionándolas suavemente sobre la masa. Meterlos al horno (centro) y a los 10 minutos reducir la temperatura a 200 °C. Cocer 12 minutos más hasta que estén dorados.

Sugerencia

Sucede a menudo que al pelar las patatas después de cocidas se encuentran trozos defectuosos que tienen que quitarse. Cueza 10-20 % más de patatas para igualar bien el peso, ya que en los horneados debe atenerse uno exactamente a las cantidades dadas en la receta.

Pizza de patata

Ingredientes para 4 personas:
300 g de patatas harinosas
25 g de mantequilla y además mantequilla para el molde
600 g de tomates maduros y 1 cucharada de orégano, todo bien picado
14 aceitunas negras conservadas en aceite de oliva
Sal marina
Pimienta negra recién molida
30 g de mijo y 120 g de trigo, molido todo junto con 1 cucharadita de cilantro
50 g de queso parmesano o Emmenthal
3 cucharadas de aceite de oliva sin refinar
125 g de queso de oveja
Harina

Para invitados
Fácil

Por persona: 200 kj/480 kcal
17 g de proteínas · 27 g de grasa · 40 g de hidratos de carbono · 8 g de fibra

- Tiempo de preparación: 2 ¼ horas

1. Lavar las patatas y cocerlas al vapor 30 minutos. Pelarlas y prensarlas en caliente. Añadir la mantequilla en copos, mezclar bien y dejar enfriar la masa.
2. Engrasar con mantequilla un molde de pizza, de 24 cm de Ø. Cortar los tomates transversalmente, extraer la parte blanda con una cucharilla y utilizarlo para una sopa, por ejemplo. Cortar el resto de pulpa —tiene que pesar 500 g— en dados grandes y reservar.
3. Calentar el horno a 200 °C. Pelar la cebolla y el ajo, picarlos y mezclarlos con las hierbas. Cortar las aceitunas en tiritas.
4. Sazonar la masa con ½ cucharadita de sal marina y un buen pellizco de pimienta. Añadir la harina de mijo y trigo y trabajar todo bien. Amasar sobre una superficie enharinada hasta que esté suave y no se pegue.
5. Formar una bola, aplastarla y revestir con ella el molde levantando un poco el borde.
6. Pinchar la masa con un tenedor y cocerla al horno (centro) 20 minutos.
7. Rallar el queso y espolvorearlo sobre el fondo de pizza precocido. Extender encima los tomates y sazonar abundantemente con pimienta. Salar poco, ya que las aceitunas y el queso de oveja ya están salados. Espolvorear con la mezcla de hierbas y las aceitunas y rociar con aceite.
8. Meter al horno (abajo) 10 minutos. Desmenuzar por encima el queso de oveja y cocerla 25-30 minutos más hasta que el queso esté dorado. Se sirve con ensalada de lechuga o escarola, con tiras de hinojo y vinagreta.

Para recordar un poco sus vacaciones por Italia prepare una pizza: Masa de patata con cubierta de jugosos tomates y aceitunas.

Quiche de patata con brotes

Ingredientes para 4 personas:
½ cucharada de semilla de alfalfa
1 cucharada de semilla de escorzonera
2 cucharadas de habas de mungo
100 g de trigo y 100 g de trigo duro, todo bien molido
Sal marina
95 g de mantequilla fría
200 g de patatas harinosas
2 huevos pequeños
125 g de crema fresca
1 cucharadita de Delikata
Pimienta blanca recién molida
1-2 dientes de ajo
2 hojas de levística
2 cucharaditas de mejorana y 1 ramillete pequeño de perejil, picado todo finamente
150 g de bulbo de apio
80 g de queso Gruyere
Mantequilla para el molde y un poco de harina

Para invitados

Sugerencia

Delikata es una mezcla de especias parecida al curry, pero de sabor más suave. De venta en establecimientos dietéticos.

Por persona: 2600 kj/620 kcal

19 g de proteínas · 45 g de grasa · 37 g de hidratos de carbono · 8 g de fibra

- Tiempo de germinación: 7 días
- Tiempo de preparación: 2 horas

1. Poner a germinar las semillas de alfalfa 7 días antes de su preparación. Las semillas de escorzonera y las habas de mungo, solamente 4 días antes. Cuando las puntas de los brotes hayan alcanzado unos 2 cm de longitud, pasarlos a un tarro con tapa de rosca y meterlo en el frigorífico. Así seguirán germinando sin volverse amargos.
2. Echar los brotes en un colador antes de usarlos, ponerlos bajo el chorro de agua fría y dejarlos que escurran. Engrasar un molde de 24-26 cm de diámetro.
3. Mezclar la harina y una pizca de sal y extender por encima 80 g de mantequilla en copos. Amasarlo todo y desmenuzarlo con los dedos. Añadir 60 cl de agua fría y batir con las varillas hasta conseguir una masa flexible.
4. Extender la masa con el rodillo sobre una superficie enharinada, cubrir con ella el molde dejando sobresalir 3-4 cm del borde. Pinchar la masa varias veces con un tenedor. Dejarla reposar a temperatura ambiente durante 30 minutos.
5. Precalentar el horno a 200 °C. Lavar las patatas, pelarlas y cortarlas en rodajas finas. Colocarlas de forma escalonada en el fondo del molde, meterlo al horno (abajo) y cocerlo 15 minutos.
6. Batir los huevos, la crema fresca, 1 cucharadita de sal, 1 pizca de pimienta, el ajo prensado y las hierbas. Añadir los brotes. Lavar el apio y pelarlo; rallarlo y mezclarlo con los demás ingredientes.
7. Espolvorear sobre las patatas la mitad del queso. Llenar el molde con los brotes y espolvorear por encima el resto del queso. Cotar en rodajitas muy finas los 15 g de mantequilla restantes y cubrir con ellas el quiche.
8. Aumentar la temperatura del horno a 220 °C. Introducir en él el quiche (bandeja inferior) y dejarlo durante 35-40 minutos hasta que se dore la superficie. Puede acompañarse de ensalada de achicoria con tiras de hinojo y nueces.

Este plato preparado al horno es una comida completa: un fondo de suave pastaflora con sabrosa cubierta de brotes de patata.

Empanadillas de patata con relleno de almendras

Ingredientes para 25 empanadillas:
200 g de patatas harinosas
50 g de pipas de girasol
70 g de trigo y 80 g de espelta, molido todo muy fino
1 pizca de levadura en polvo
40 g de azúcar sin refinar
¼ de cucharilla de vainilla
80 g de mantequilla fría
1 huevo pequeño
100 g de almendras
80 g de pasas negras
La cáscara rallada de 1 naranja
5 cucharadas de zumo de naranja
1 cucharada de zumo de limón
1 cucharada de miel de flores
1 yema de huevo, batida con 2 cucharadas de agua o con 2 cucharadas de nata
Mantequilla para la placa

Elaborada

Cada empanadilla contiene:
3 g de proteías · 7 g de grasa · 10 g de hidratos de carbono · 2 g de fibra

- Tiempo de preparación: 3 ¾ horas

1. Cocer las patatas en poca agua, pelarlas y prensarlas en caliente. Pesar 150 g y dejar enfriar completamente.
2. Picar las pipas de girasol y mezclarlas con la harina, la levadura, el azúcar y la vainilla. Añadir a las patatas y mezclarlo bien.
3. Incorporar la mantequilla en trocitos y desmenuzarla rápidamente con los dedos. Añadir el huevo y amasar todo bien. Dejar reposar tapado 1 ½ horas.
4. Picar las almendras con las pasas y mezclarlas con la cáscara y el zumo de naranja, el de limón y la miel.
5. Calentar el horno a 200 °C y engrasar la placa. Extender la masa con el rodillo dejándola un espesor de 2 cm. Cortar unos discos de 8 cm de Ø. Poner sobre cada uno 1 cucharadita de relleno y cerrarlas presionando los bordes con un tenedor. Pintarlas con yema de huevo o nata y colocarlas en la placa. Meter al horno (centro) y cocerlas 20-30 minutos.

Pastas de queso

Ingredientes para 50 pastas:
200 g de patatas harinosas
50 g de pipas de girasol
70 g de trigo y 80 g de espelta, molido junto bien fino
1 pizca de levadura en polvo
80 g de queso parmesano
1 cucharadita de comino
¼ de cucharilla de nuez moscada recién rallada
¼ de cucharilla de sal marina
80 g de mantequilla fría
1 huevo pequeño
1 huevo batido

Para invitados

Cada pasta contiene:
160 kj/38 kcal
1 g de proteínas · 2 g de grasa · 3 g de hidratos de carbono · 1 g de fibra

- Tiempo de preparación: 1 ¾ horas

1. Cocer las patatas en poca agua, pelarlas y prensarlas en caliente. Pesar 150 g y dejarlas enfriar.
2. Picar finamente las pipas de girasol y mezclarlas con la harina, la levadura, el parmesano y las especias y finalmente unir la mezcla a las patatas. Añadir la mantequilla en copos y unir todo bien con los dedos. Agregar el huevo y amasar todo bien. Dejar reposar tapado 1 hora.
3. Calentar el horno a 200 °C y engrasar 2 placas. Extender la masa con el rodillo y cortar de la misma unos rombos utilizando una ruedita de repostería. Pintar las pastas con huevo y, a elección, espolvorearlas con queso rallado, comino, adormidera o sésamo.
4. Colocarlas sobre las placas y meter al horno (centro) 15-18 minutos.

Foto superior: Empanadillas de patata con relleno de almendras

Foto inferior: Pastas de queso

Pastel de patata con jalea de ciruela

Este pastel puede rellenarse también con compota de ciruela sin endulzar. Si es necesario puede espesarse con ciruelas pasas. La masa de patata es excelente también para preparar pastas similares a las de pastaflora.

Ingredientes para un molde de 24 cm de Ø:

Para la jalea de ciruela:

6 clavos de especia
1 barra de canela
2 bolsitas de té afrutado
300 g de ciruelas moradas secas, sin hueso

Para la masa:

200 g de patatas viejas harinosas
100 g de almendras dulces y 3 amargas
175 g de espelta molida fina
1 cucharadita de levadura en polvo
½ cucharadita de canela de Ceilán
100 g de azúcar sin refinar
100 g de mantequilla fría
1 cucharada de nata
1 cucharada de almendras fileteadas
Mantequilla para el molde y un poco de harina

Fácil
Para invitados

En un pastel de 12 unidades, cada una contiene:
1100 kj/260 kcal
5 g de proteínas · 13 g de grasa · 35 g de hidratos de carbono · 5 g de fibra

- Tiempo de preparación: 4 horas, de las cuales 3 son para el remojo.

1. Para la jalea hervir ¼ l de agua con la canela desmenuzada y las bolsitas de té. Dejar reposar 15 minutos y luego colarlo. Remojar las ciruelas en el té unas 3 horas y luego escurrirlas reservando el líquido.
2. Picar la fruta en una picadora eléctrica hasta que esté hecha puré. Añadir 1-2 cucharadas del jugo reservado. La jalea debe estar espesa.
3. Para la masa lavar las patatas y cocerlas al vapor 25-30 minutos. Pelarlas y pasarlas por el prensapatatas.
Pesar 150 g y dejar enfriar completamente.
4. Moler las almendras y mezclarlas con la harina, la levadura, la canela y el azúcar, y finalmente añadir esta mezcla a las patatas uniendo todo bien. Agregar en un recipiente de acero inoxidable y dejar reposar tapado 1 ½ hora en el frigorífico y 30 minutos en el congelador.
5. Calentar el horno a 200 °C. Extender dos tercios de la masa sobre una superficie enharinada y revestir con ella el molde dejando un borde alto de 1 ½ cm. Pinchar el fondo con un tenedor.
6. Extender el resto de masa dejándola del tamaño del molde y hacer unas tiras de 1 ½ cm de ancho. Pintarlas con la nata, espolvoreándolas con las almendras y reservarlas en sitio fresco.
7. Meter el fondo al horno (centro) y precocerlo 15 minutos. Seguidamente extender sobre el mismo 300 g de jalea de ciruela y rematarlo colocando encima las tiras de pasta formando una reja. Hornear en el centro 25 minutos a 180 °C hasta que se dore la superficie.
8. Enfriar el pastel sobre una rejilla y servirlo, ya frío, en una fuente redonda para tartas.

Sugerencia

La jalea de ciruela es ideal para untar pan. Y también para rellenar empanadillas. Rebajándola con agua se convierte en una fina salsa de fruta.

La masa de patata en repostería parece algo poco corriente.

Pero ánimo: Se quedará sorprendida de lo delicioso que resulta el pastel de patata con jalea de ciruela.

ÍNDICE GENERAL DE RECETAS

La fotografía de la cubierta muestra una ensalada de patata con pepino y tortitas de setas.
Receta de la página 16.

Título original: *Kartofeln, köstlich & gesund*
Traductor: *María del Carmen Vega Álvarez*

PRIMERA EDICIÓN
segunda reimpresión, 1993

Carretera León-La Coruña, km 5 - LEÓN
ISBN: 84-241-2297-6
Depósito legal: LE. 698-1991
Printed in Spain -
Impreso en España

EDITORIAL EVERGRÁFICAS, S. A.
Carretera León-La Coruña, km 5
LEÓN (España)

Advertencia importante

Compre solamente cereales escogidos y cerciórese de que no contienen impurezas ni semillas de malas hierbas (sobre todo semillas tóxicas de neguillón). Las mismas precauciones deben tomarse respecto al cornezuelo de centeno, fácilmente reconocible por su color negruzco y su mayor tamaño. Ingerido en cantidades importantes puede provocar un envenenamiento de fatales consecuencias. Esta advertencia se refiere sólo a los cereales de venta directa del labrador al consumidor, ya que los productos industriales necesariamente tienen que haber sido sometidos al proceso de limpieza exigido por las autoridades sanitarias. La fasina, es decir, la toxina contenida en las legumbres crudas (excepto los guisantes) pierde su toxicidad con la cocción. No se deben pues, consumir brotes de legumbres sin darles un hervor previo y tampoco debe figurar con excesiva frecuencia en el menú.
También las manchas verdes de las patatas contienen una sustancia tóxica llamada solanina. Antes de cocinarlas deben eliminarse, al igual que los ojos verdosos. En ningún caso deberá aprovecharse para otros usos el agua en que hayan cocido.

Ingrid Früchtel
Desde que terminó sus estudios superiores, viene dedicándose a temas directamente relacionados con la teoría y la práctica de la cocina integral o biológica. Sus más de veinte años de experiencia explican el éxito de sus cursillos sobre arte culinario y de sus numerosos libros y publicaciones. Actualmente reside en la alta Franconia en una granja con su esposo y su hija Annette, que también ha colaborado de manera importante en el presente libro.

Odette Teubner
Debe su excelente formación como fotógrafa a su padre, el famoso fotógrafo Christian Teubner. Tras unos meses de experiencia como fotógrafa de modas, optó por dedicarse plenamente a las creaciones de bodegones fotográficos y composiciones culinarias propias del estudio Teubner. En su tiempo libre practica también apasionadamente el retrato. Su propio hijo ha posado a menudo como modelo.

Kerstin Mosny
cursó sus estudios de fotografía en escuelas técnicas de Francia y Suiza. Posteriormente trabajó como auxiliar de diversos fotógrafos de gran prestigio, entre los que cabe destacar el famoso fotógrafo gastronómico suizo Jurgen Tapprich. Desde 1985 trabaja en el *Fotostudio Teubner*.